Katzenerziehung für Anfänger

Wie Sie Ihre Katze Schritt für Schritt erziehen, pflegen und eine enge Bindung aufbauen – inkl. Clickertraining für Katzen und den besten Stubenrein - Tipps

Leonie Fokken

INHALT

Das erwartet Sie in diesem Ratgeber

Glauben Sie an den Mythos, dass sich Katzen nicht erziehen lassen? Möchten Sie Regeln festlegen für Ihr künftiges Samtpfoten-Miteinander? Planen Sie eventuell, ein Kitten zu adoptieren, oder möchten Sie mit Ihrem bereits vorhandenen Stubentiger noch einmal völlig neu und mit Perspektive durchstarten?

Dieser Ratgeber kann Ihnen dabei helfen, Ihre Katze besser zu verstehen und bestenfalls sogar dazu beitragen, dass Ihre Katze Sie besser versteht. Denn es ist wie mit allem im Leben: Man kann nur etwas erreichen, wenn man sich vorher auch ein Ziel gesteckt hat. Dies gilt vor allem dann, wenn man im Team spielt – und Sie und Ihre Katze wollen doch ein Team sein, schließlich teilen Sie sich streng genommen ein Revier.

Das erwartet Ihren Wohnzimmer-Panther

Um die Geschichte der Hauskatze ranken sich Mythen – Katzen wurden wie Götter verehrt, ihnen wird nachgesagt, dass ihr Stolz und Starrsinn nicht gebrochen werden können, dass sie nie wirklich domestiziert wurden, dass sie Einzelgänger sind und sogar, dass sie mit uns „Dosenöffnern" nur aus reiner Bequemlichkeit überhaupt eine Bindung eingehen. Der Löwe ist der König unter den Tieren, der Tiger ist der König des Dschungels, Zufall? Nein. Alles

Katzen – tja, und Ihr Exemplar ist eben der König der Wohnzimmer! Damit Sie nun mit dem Training beginnen können, müssen Sie zuerst einmal Ihr Haustier entmystifizieren, es ganz wörtlich vom hohen Sockel schubsen. Aber Halt! Mit den Tricks und Tipps in diesem Ratgeber machen Sie es auf gute alte Katzenmanier, nämlich ganz sanft und auf leisen Pfoten und so, dass das Tier danach die Krone noch behalten und geraderücken kann.

Ihre Katze wird bei Ihnen beim Lesen dieser Lektüre auf ein breiteres und fundierteres Katzenwissen treffen – Sie werden einige Gewohnheiten Ihrer Katze besser verstehen und deuten können. Wenn Ihre Katze zum Beispiel eklige Dinge, wie tote oder noch gerade so lebende Mäuse, Eidechsen und Co. mit nach Hause bringt, Ihnen Spinnen im Halbschlaf aufs Kopfkissen spuckt, dann werden Sie den guten Kern darin erkennen – es handelt sich nämlich um Geschenke, für Sie! Nehmen Sie sie an und ekeln Sie sich später!

Katzen hassen Stress, Unruhe und Hektik und schätzen Harmonie, wenn Sie beide sich also besser aufeinander abstimmen, wird das Ihren Alltag harmonisieren und somit mehr Glück und Gesundheit in das Leben von Ihnen und Ihrer Katze bringen.

KATZEN-AUSSTATTUNG – MENSCHEN-ERZIEHUNG

Alle Katzen benötigen bestimmte Gegenstände in ihrem Zuhause. Hier geht es darum, Ihr Zuhause Katzenbesser zu machen. Es gibt Dinge, die werden benötigt, und Dinge, von denen Sie sich als Katzenbesitzer verabschieden müssen. Hier finden Sie eine kurze Liste zur Orientierung:

Dinge, die Sie benötigen

- Futter – halten Sie immer einen Vorrat an Katzenfutter im Haus, es ist schneller einmal Sonntag oder Feiertag, als Sie denken

- Das richtige Futter: Prüfen Sie, ob Ihr Stubentiger das angebotene Futter gut verträgt, sollten Sie und Ihr Tiger sich für Trockenfutter entscheiden, achten Sie besonders darauf, dass Ihr Tier genügend Flüssigkeit zu sich nimmt. Generell muss (!) zusätzlich zum Fressnapf auch immer genügend Wasser im Wassernapf angeboten werden. Der oder noch besser die auf die Wohnung verteilten Wassernäpfe sollten nicht direkt neben dem Futternapf platziert werden – Futterreste könnten das Wasser verunreinigen und die Katze würde das Wasser dann nicht anrühren. Viele Katzen mögen Wasser lieber, wenn es in Bewegung ist, Trinkbrunnen für Katzen finden Sie im Fachhandel. Sie benötigen also mindestens Futter- und Wassernapf, und zwar pro Katze. Niemand teilt gern seinen Teller. Achten Sie bei der Auswahl auf die Merkmale Ihrer Katze. Metallische Näpfe zum Beispiel können Zähnchen angreifen, zu weiche Näpfe werden eventuell angenagt, Spülmaschinenfestigkeit könnte von Vorteil sein – denn auch hier gilt, Katzen sind äußerst reinlich, ein schmutziger Futterplatz wird gegebenenfalls links liegen gelassen.

- Futterphilosophie, Katzen sind Fleischfresser, es gibt Dosenfutter, Trockenfutter, Frischfleisch und sogar Barfen, also eine Ernährungsform mit rohem Fleisch – lassen Sie sich ruhig ausgiebig zu diesen Themen im Fachhandel beraten.

- Ein Kratzbaum schont Möbel und Besitzer-Nerven. Außerdem benötigen Katzen einen Ort allein für sich, oft ist dies der Platz ganz oben auf dem Kratzbaum, denn hier sind sie aus ihrer Sicht sogar mal vor Ihnen sicher. Sollte der Kratzbaum nicht hoch genug sein für den Geschmack Ihrer Katze, wird sie sich Alternativen suchen, die nicht nur gefährlich für sie sind, sondern auch wieder Nerven kosten. Gardinenbretter, Kleiderschränke, nichts ist sicher vor Katzenkrallen-Aufstiegen.

- Eine Bürste, egal, ob Sie das Tier bei der Fellpflege unterstützen müssen oder möchten

- Genügend Kuschelplätze am besten mit Aussicht (zum Beispiel Fensterbank, Heizungshängematten oder dergleichen)

- Die Katzentoilette, auch hier gilt, achten Sie auf die körperlichen Merkmale Ihrer Katze. Kleine Katzen benötigen niedrige Einstiege. Klapptüren sind meist erst ein Hindernis – lesen Sie dazu auch im Kapitel *Prioritätsstufe 1*. Pro Katze sollte mindestens eine Katzentoilette angeboten werden.

- Katzengras, Freigänger bedienen sich draußen, aber reinen Wohnungskatzen hilft ein frisches Katzengras dabei, ihr Gewölle hochzuwürgen – bei Langhaarkatzen hilft zusätzliche Malzpaste.

- Die Transportbox. Auch, wenn Sie möchten, dass Ihre Katze nie das Haus verlässt, sie muss mal zum Tierarzt.

Hoffentlich nicht, aber vielleicht sogar plötzlich. Die Transportbox sollte an die Größe und Vorliebe der Katze angepasst sein. Weitere Infos dazu finden Sie auch im Kapitel *Feintuning Erziehung.*

Dinge, von denen Sie sich verabschieden sollten:

- Einige Pflanzen in Wohnung und Garten sind giftig für Katzen – prüfen Sie bei der Anpflanzung im Garten oder auf der Fensterbank, ob diese Pflanze Vergiftungen auslösen kann. Efeu, Weihnachtssterne, Lilien, Chrysanthemen, Kalanchoe, Azalee, all jene gehören schon einmal nicht in den Garten oder die Wohnung eines Katzenbesitzers, um nur einige zu nennen.

- Prüfen Sie auch bei allen Lebensmitteln, ob Sie Ihrem Schatz da wirklich einen Gefallen tun: Schokolade, Kakao, Zwiebeln, Schnittlauch und Knoblauch, Steinobst und Weintrauben, pure Milch, rohe Kartoffeln, Hülsenfrüchte und Avocados und sogar Thunfisch aus der Dose können Vergiftungen hervorrufen!

- Alles, was an saisonaler Deko, wie Weihnachtsdeko, Osterdeko und dergleichen mehr bei Ihnen herumsteht, muss auf Katzentauglichkeit gecheckt werden. Lametta, kleine Plastikteilchen, glitzernde Sterne, alles nichts für gierige kleine Katzenmäuler. Beim Verschlucken drohen ernste Gefahren. Aluminium in Lametta zum Beispiel löst bei Katzen eine Darmverschlingung aus, die nur durch eine schwere Operation und Entnahme des betroffenen Darmteils geheilt werden kann.

Sie sehen, auch in Ihrem Zuhause muss sich einiges verändern, wenn eine Katze einzieht.

ÜBERLEGUNGEN VOR DER AUSWAHL DER HAUSKATZE

Vielleicht lesen Sie diesen Ratgeber, bevor Sie sich ein Haustier zulegen, dann gibt es auch bei Katzen eine ganze Menge zu bedenken, denn nicht jeder Lebensstil passt zu jeder Katze. Im Vergleich zu unseren westeuropäischen Nachbarstaaten leben in Deutschland die meisten Katzen – es sind sage und schreibe 2019 knapp 14,7 Millionen Katzen gewesen, das heißt 23 % aller Haushalte geben dem Haustier Nummer 1 in Deutschland ein Zuhause, Tendenz steigend – und Streuner ohne Zuhause wurden bei dieser Zählung nicht einmal erfasst.

Kein Wunder, Katzen machen glücklich, sogar, wenn wir sie nur anschauen. In einer Onlineumfrage von 7000 Personen kam kürzlich heraus, dass Katzen-

Content in Form kleiner Videos die Gefühle positiv verändert. Zuschauer von Katzenvideos sind demnach entspannter und positiver. Ängstliche Gefühle, Trauer und Wut lassen nach, wenn man ein Katzenvideo schaut. Es soll sogar schon eine künstliche Intelligenz geben, die sich gern Katzenvideos anschaut.

Es gibt unzählige berühmte Katzen, die in Kriegen halfen (wie Crimean Tom ca. 1847 geboren und an Silvester 1856 verstorben), Katzen, die berühmt wurden, weil Ihre Menschen ihnen ihr Erbe vermachten, (wie Choupette, die Katze von Karl Lagerfeld), bekannt wurden, weil sie die ersten überlebenden Katzen im Weltraumflug waren (Félicette) oder zum Beispiel als verdeckter Ermittler im Jahr 2006 dabei halfen, einen Tierarzt zu überführen, der gar keiner war (Fred the Undercover Kitty). „Hank the Cat" kandidierte in seinem Leben 2012 in Virginia bei der Wahl zum Senat der Vereinigten Staaten und wurde Dritter. In Alaska war eine Katze sogar 15 Jahre lang Bürgermeister. Winston Churchill hatte „Jock", Prophet Mohammed hatte „Mueza", Matthew Flinders segelte mit „Trim" um die ganze Welt. Die Ägypter bauten die Sphinx, die eine Katze darstellt, weil sie die Katzen verehrten und heiligsprachen.

Sie sehen: Katzenliebhaber sind eine illustre Runde, in die Sie sich nun einreihen.

Obwohl die Katze seit Jahrhunderten das Haustier Nummer 1 ist, unterscheidet man zwar inzwischen in Rassen, aber generell immer noch „nur" zwischen:

Kurzhaarkatzen

Halblanghaarkatzen

& Langhaarkatzen.

Auch, wenn es allein in Deutschland mehr als 40 anerkannte Katzenrassen gibt.

Es scheint ein wenig blauäugig, die Katzen allein nach ihrer Fell-Länge zu klassifizieren, deswegen hier noch ein paar Überlegungen zur Katzenauswahl, dem passenden Zubehör und den von Ihnen vorgegebenen Voraussetzungen.

Maine-Coon-Katzen zum Beispiel erreichen mühelos eine Körperlänge bis zu 1,20 m, sind daher nicht unbedingt für die 1 Zimmer, 18 Quadratmeter-Wohnung geeignet, zumal sie sich schnell langweilen, hervorragende Jäger und äußerst lebhaft sind. Kratzbaum und Spielplatz, ersehnter Freigang zum Garten, bitte denken Sie groß!

Siam und Abessinier neigen zu vielen Katzenlauten, miauen viel und auch mal durchgängig, wenn sie zu häufig allein sind, das kann schnell Ärger mit den Nachbarn geben.

Fragen Sie am besten den Züchter, mit welchen Charaktereigenschaften, Größen und Eigenarten Sie rechnen sollten.

Katzen mit eher kurz ausgeprägter Nase fressen zum Beispiel deutlich einfacher von flachen Tellern als aus tiefen Näpfen, große Katzen benötigen auch größere Kratzbäume, um sich mal ordentlich zu recken, Freigänger benötigen vielleicht ein Glöckchen, um Vögel zu warnen – denken Sie dabei auch an das Wohl Ihrer Katze – denn ein Halsband in freier Wildbahn bedeutet auch neue Gefahren, denn damit kann man sich verheddern oder feststecken – lassen Sie Ihre Freigänger am besten während der Vogelbrut nur in Ihren eigenen Garten und unter Beaufsichtigung nach draußen.

Katzen gibt es in fast allen Farben von weiß über rötlich zu braun bis schwarz – getigert, gepunktet, einfarbig oder in allem von allem, das Muster und die Farbe ändern sich allerdings nicht mehr großartig vom Kitten zum adulten Tier.

Sie sind mit der Anschaffung die Verpflichtung eingegangen, sich bestmöglich ein ganzes Katzenleben lang um Ihren Schützling zu kümmern. Regelmäßige

Futter- und Ruhezeiten, Spiel, Spaß und Spannung müssen Hand in Hand gehen mit den natürlichen Ansprüchen der Katze. Eine ausgeglichene Katze wird Sie als Sozialkontakt sehr wohl zu schätzen wissen, Sie werden sehen. Katzen, die sich mögen, putzen sich gegenseitig, auch dies ist eine Kommunikationsform. Fangen Sie früh damit an, speziell bei Katzenrassen, die mehr Fellpflege benötigen, diese Pflege mit einer Bürste zu trainieren. Tipps dazu finden Sie im Kapitel *Priorität 1*.

Apropos ein Katzenleben lang: Man sagt im Volksmund gern, dass eine Katze sieben Leben hat. Sie hat auch nur eines, machen Sie es zu dem Besten! Der Aberglaube rührt daher, dass Katzen aus extremer Höhe fallen können und trotzdem angeblich immer auf die Pfoten fallen, und dass sie in schier ausweglose Situationen kommen und dennoch so flinke Reflexe haben, dass sie heil herauskommen. Auch das ist natürlich ein bisschen Aberglaube, denn auch Katzen brechen sich Pfoten und Schlimmeres, wenn sie aus zu großer Höhe fallen – und Katzen sind nicht flink genug in einer Welt, in der Autos fahren.

Eine Studie unserer britischen Nachbarn hat ergeben, dass die zwei häufigsten Todesursachen bei Katzen aller Altersstufen vor allem Traumata durch

Unfälle (12,2 %) und eine schleichende Nierenkrankheit (12,1 %) sind. Tipps zum Erkennen einer Nierenkrankheit erhalten Sie im Kapitel *Priorität 1*.

Mit der Verantwortung, die Sie eingegangen sind, sollten Sie sich bewusst sein, dass so ein Katzenleben ganz schön lang sein kann. Hauskatzen können gut und gern über 20 Jahre alt werden, der Durchschnitt liegt immerhin bei 14 Jahren – genießen Sie jeden Tag mit Ihrem Vierbeiner! Die älteste bekannte Katze der Welt wurde 38 Jahre alt und starb 2005. „Creme Puff" wäre demnach in Katzenjahren ungefähr 169 gewesen.

Eines haben aber dennoch alle Katzen gemeinsam, „nachts sind alle Katzen grau" – und: Katzenkitten erobern Herzen im Sturm – und Sie haben diesen Ratgeber vielleicht erst in der Hand, wenn schon ein kleiner Herzensbrecher Ihr Herz und Heim erobert hat, deswegen ist es wichtig, jetzt Regeln im neuen Zuhause zu finden, die allen Bewohnern genehm sind.

KATZENKOMMUNIKATION

Der allererste Schritt zur Katzenerziehung ist, sich einmal damit auseinanderzusetzen, was für ein Tier Sie sich da eigentlich ins Haus geholt haben. Ganz gleich, ob Sie sich nun eine Siamkatze, eine Maine Coon, einen

Abessinier oder eine Nacktkatze angeschafft haben oder anschaffen werden. Katzen sprechen eine gemeinsame Sprache. Es verhält sich allerdings ein wenig wie bei Hunden. Es ergibt bei genauerer Betrachtung Sinn, dass ein Hütehund über seine Herde wacht und ein Dackel die perfekte Figur hat, um in einen Kaninchenbau zu klettern, sie bellen aber alle. Aber ein Miau ist wie ein Bellen: Im Grunde kann es alles bedeuten, es kommt auf weitere Signale an. Ihre und jede andere Katze kommuniziert auf sehr vielen Ebenen und wieder ähnlich wie der Hund mit dem ganzen Körper: dem Schwanz, den Schnurrhaaren und den Ohren.

Mit etwas Übung erkennen Sie als Katzenbesitzer, ob dieses Miau nun Hunger, Angst oder Spielaufforderung bedeutet. Es ist relativ einfach, ein vom Menschen geschätztes Verhalten zu belohnen, zum Beispiel durch ein Leckerchen, aber wie sprechen wir ein Verbot aus, wenn uns das Gegenüber nicht wörtlich versteht. Wie Sie wahrscheinlich schon festgestellt haben, bringt ein „Nein!" erst einmal nicht viel, auch wenn Sie vielleicht kurz die Aufmerksamkeit erhaschen. Diese kurze Aufmerksamkeit ist gut, wird aber nicht das Problem lösen, denn dazu müssen wir noch tiefer in die Kommunikation der Katze abtauchen. Das Wort „Nein!" eignet sich nicht sehr gut als Ausdruck der Abneigung, denn es klingt zu sehr nach „fein!" Benutzen Sie Ihr eigenes Wort dafür oder nehmen Sie „Pfui!".

Bereits im zarten Alter von ein paar Tagen stellt auch die Katzenmutter Regeln auf, wie sich die Kitten zu verhalten haben. Denn messerscharfe Babykrallen und Milchzähne werden schnell zum Problem beim Säugen. Es ist Teil der Katzenkommunikation, die Barthaare nach vorn zu klappen und zu fauchen, um ein ungewünschtes Verhalten zu signalisieren.

DIE SPRACHE DER KATZEN

Wie bereits erwähnt, sprechen Katzen mit dem ganzen Körper. Besonderes Augenmerk liegt dabei auf den Schnurrhaaren, dem Schwanz, den Ohren, dem Rücken und den Pfoten der Katze. Natürlich unterstreichen Katzen diese Sprache auch mit Lauten, wie Schnurren und Miauen, aber für den Anfang werden Sie nun versuchen, Ihre Katze in ihrer Körpersprache besser zu verstehen.

Ihre Katze kommt auf Sie zu, schnellen Schrittes, der Schwanz ist gerade nach oben gestreckt, die Beine gerade, es sieht ein wenig aus, wie Jogging? Prima, Ihre Katze freut sich, Sie zu sehen und ist gespannt, was Sie vorhaben, die besten Voraussetzungen, um bald mit dem Training zu starten!

Schnurrhaare

Katzen können gut sehen, riechen und hören, jedenfalls, wenn man es von menschlicher Seite aus betrachtet. Trotzdem hat Mutter Natur den Katzen auch noch die Tasthaare im Katzengesicht geschenkt. Katzen tasten mit diesen langen Haaren im vorderen Bereich des Katzengesichtes und meist sogar auch unter dem Kinn zusätzlich ihre Umgebung ab. Es könnte schließlich sein, dass sie sich mal in einem nachtschwarzen Keller um eine Maus kümmern müssen oder bei einem Balanceakt auf der Fensterbank nicht wissen, ob der Blumentopf weit genug entfernt ist, um sich vorbeizuschlängeln.

Ist die Katze neugierig, klappt sie die Tasthaare weit nach vorn, wie beim Gähnen, und versucht, am Objekt ihrer Begierde zu schnüffeln, ohne dass diese Haare im Weg sind. Vorsicht sollten Sie bei Kerzen walten lassen, denn die kleinen und größeren Pelzmonster finden flackernde Kerzen sehr spannend und versuchen, daran zu schnüffeln.

Auch beim drohenden Fauchen werden diese langen Barthaare nach vorn geklappt, damit das Katzenmaul weit aufgerissen werden kann, außerdem wird bei dieser drohenden Geste durch die Haare auch die Körpergröße für den vermeintlichen Feind erhöht und dieser hoffentlich eingeschüchtert und zur Flucht inspiriert.

Schwanz

Mit dem Schwanz wedeln doch nur Hunde? Weit gefehlt, Katzen wedeln tatsächlich auch sehr häufig mit dem Schwanz, nur aus völlig anderem Grund. Vielleicht ist dieses Schwanzwedeln sogar einer der Hauptgründe, warum sich Hund und Katze nicht allzu gut verstehen. Denn während der Hund mit dem Schwanzwedeln eine freudige Erregung ausdrückt, signalisiert die Katze, dass sie entweder darüber nachdenkt, ob das Gegenüber Beute ist oder ein Feind. Eine Katze, die mit dem Schwanz wedelt, wird gleich eine Attacke starten, ganz gleich, ob sie damit eine Maus fängt, ein Spielzeug oder zum Beispiel den Fuß, der unter der Bettdecke herausschaut. Schnelles Schwanzwedeln bedeutet immer, dass eine Attacke höchstwahrscheinlich kurz bevorsteht.

Ihre Katze schubbert sich an Ihrem Bein und zuckelt dabei mit dem Schwanz? Es handelt sich hierbei um eine freudige Begrüßung für Sie, vielleicht zuckelt der Schwanz auch, wenn Sie endlich die Futterdose öffnen.

Die Katze liegt entweder auf dem Bauch und alle Pfoten sind eingeklappt oder auf der Seite und die Pfoten sind ausgestreckt – der Schwanz liegt leicht wippend oder ganz ruhig daneben? Ihre Katze döst, chillt und entspannt – je ruckartiger oder schneller der Schwanz dabei wedelt, desto mehr ist Ihre Katze abgelenkt von ihrem eigentlichen Nichtstun. Vielleicht kann sie nicht schlafen, weil der Fernseher zu laut ist oder Sie ständig das Zimmer wechseln – um sich von dieser Theorie zu überzeugen, setzen Sie sich doch mal neben Ihre Katze, wenn sie genervt wirkt, das sollte Ihre Katze entschleunigen, also jedenfalls, wenn Sie keine Hektik dabei ausstrahlen.

Der eingezogene oder gesenkte Schwanz, der leicht aufgeplustert wirkt, zeigt, dass Ihre Katze sich soeben erschrocken hat, sprechen Sie beruhigende Worte und zeigen Sie ihr, dass gar nichts Schlimmes passiert oder passiert ist. Fassen Sie die Katze besser generell nicht an, wenn der Schwanz aufgeplustert ist, es sei denn, Sie beide kennen sich schon sehr gut. Ein aufgeplusterter Schwanz, auch in gerader gestreckter Schwanzform, zeigt, dass Ihre Katze gerade starke Emotionen hat, bei gesenktem Schwanz ist es Angst, bei einem geraden Aggression. Wenn Sie nun versuchen sollten, die Katze zu berühren, könnte das einen Reflex auslösen, der nicht gegen Sie gerichtet ist, aber Ihnen schmerzhafte Kratzer einbringen könnte.

Der Schwanz der Katze ist also nicht nur zur Balance zum Beispiel während oder kurz vor einem Sprung gemacht, sondern drückt auf vielseitige Weise die aktuelle Stimmungslage des Stubentigers aus.

Der berühmte Katzenbuckel

Wie bei fast allen Kommunikationsformen der Katze benutzt sie auch den Buckel in verschiedenen Situationen – haben Sie schon mal das Wort „katzbuckeln" gehört – hiermit bezeichnet man Schmeichler, die eigentlich gar keine sind. Katzen buckeln z. B., wenn es Futter gibt, wenn sie sich an unsere Beine anschmiegen und wenn sie etwas völlig anderes ausdrücken möchten. Der Buckel entsteht, wenn die Katze alle 4 Pfoten sehr dicht zusammenstellt, logischerweise muss sich der Rücken für diese Pfoten-Position nach oben wölben. Bei freudigem, positiven Buckeln steht der Schwanz dabei aufrecht und zuckt, die Katze schaut nach oben Richtung Mensch und miaut oder maunzt vielleicht, kleine Trippelschritte unterstreichen das Ganze.

Die Kehrseite der Medaille sieht ähnlich aus, meint aber das genaue Gegenteil! Eine Katze mit Buckel, die irgendwo sitzt und starrt, dabei faucht oder knurrt – ja, Katzen können auch knurren – mit dem Schwanz wedelt oder diesen nach oben streckt, möchte dem Gegenüber mitteilen, dass er gefälligst nicht einen Schritt dichter kommen soll, ja sich bestenfalls überhaupt gar nicht bewegen sollte. Auch an dieser Stelle sollten Sie sich der Katze nicht mit den Händen nähern.

Wann immer Sie denken, dass Ihre Katze vermutlich aggressiv auf Sie reagiert, nähern Sie sich ihr bestenfalls seitwärts – zum einen seitwärts auf sie zu, aber auch mit seitlichen Schritten und bücken Sie sich dabei keinesfalls zu ihr herunter. Katzen jagen kleine Feinde, also im Verhältnis zu ihrer eigenen Körpergröße, scheuen sich aber auch nicht, einen deutlich größeren Gegner anzugreifen, wenn sie in Bedrängnis geraten – und wann eine Katze in Bedrängnis ist, entscheidet die Katze. Wenn eine Katze zum Beispiel auf einen Hund trifft, dann wird sie sich gegebenenfalls auch hier auf die eigenen Krallen und die alte Devise „Angriff ist die beste Verteidigung" verlassen. Um den Gegner schnell loszuwerden oder ihn in die Flucht zu schlagen, zielt die Katze mit ihren Krallenhieben tatsächlich auf die Augen, weswegen man sich auch als Mensch und in

Stresssituationen besser nicht auf ihre Ebene begibt. Sie sehen schon, Sie haben sich ein echtes kleines Raubtier ins Haus geholt. Das ist nicht schlimm, das kriegen Sie alles in den Griff, aber man muss es wissen!

Öhrchen

Hier geht es fast etwas einfacher zu als bei Rücken, Tasthaaren und Buckeln, als Faustformel lässt sich sagen: Ohren, die gespitzt, aufgestellt oder nach vorn geklappt werden, zeigen Aufmerksamkeit, Neugierde oder freundliche Gesinnung. Angewinkelte oder zurückgedrehte Ohren signalisieren Gefahr, Angst oder eher negative Emotionen.

Pfoten

Speziell Kitten erkunden mit all ihren Sinnen ihre Umwelt, Sehen, Hören, Riechen, Tasten und mit den Pfötchen antesten. So, wie Hunde erst eine Beißhemmung erlernen müssen, werden neue Katzenbesitzer schnell merken, dass kleine Katzenkinder absolut nicht wehrlos sind. Die kleinen Babykrallen sind messerscharf, zerschneiden mühelos jedes Textil und man hat noch nie einen Kittenbesitzer gesehen, dessen Hände nicht unzählige Mikrokratzer aufwiesen. Wenn Ihr Kitten Ihre Hand kratzt oder beißt, dann schubsen Sie es sanft zur Seite und ignorieren Sie das Spiel, bieten Sie stattdessen den Kratzbaum oder ein Spielzeug an oder fangen Sie mit dem Training an, um die Krallen zu kontrollieren.

Sie sehen, es ist gar nicht so leicht zu sagen, was welche Katze sagen möchte, vielleicht hat Ihr Model kleine runde Ohren, bei denen Sie nicht sehen, ob sie zur Seite gedreht sind oder nicht. Bei einigen Katzen wurden die Schwänze weg gezüchtet, dass erhöht nicht nur die Kommunikationsprobleme von Katzen untereinander, sondern nun auch mit Ihnen.

Katzen-Töne

Miau

Zuallererst gibt es da das „Miau", „Mau" oder auch nur „Ma". Katzen unterstreichen ihre Körpersprache genau wie alle Lebewesen, die zu Tönen fähig sind: mit Lauten. Wir Menschen haben nur verlernt, auf die Körpersprache zu achten und fangen erst jetzt langsam wieder damit an, auf diese zu achten. Profiler zum Beispiel können anhand von sogenannten Mikrobewegungen, die jeder Mensch macht, wenn er lügt, heutzutage zum Beispiel die Wahrheit von der Lüge unterscheiden.

Miauen unterstreicht also eine Körperhaltung und hat für den Beobachter, der keine Katze ist, erst einmal kaum eigenständige Bedeutung. Das Maunzen unterscheidet sich in Tonlänge, Tonhöhe und Tonfarbe.

Es gibt hunderte Gründe, warum Ihre Katze miaut, aber hier sind die gängigsten mit dem Versuch, das Geräusch zu beschreiben:

Ein kurzes Miau ist eine Begrüßung für Sie als Mensch. Studien haben gezeigt, dass Katzen sich untereinander zur Begrüßung nicht anmauzen.

Ein lang gezogenes Miiiiauuuu, kann bedeuten, dass Ihre Katze um Hilfe ruft, vielleicht steckt sie irgendwo fest oder möchte einfach Ihre Aufmerksamkeit.

Schon Kitten miauen, zum Beispiel, um dem Muttertier zu signalisieren, dass Ihnen kalt ist, sie Hunger haben oder irgendein anderes Grundbedürfnis nicht erfüllt ist. Auch erwachsene Katze versuchen, ihren Menschen Töne für Grundbedürfnisse beizubringen. Bei den ersten Miaus checken Sie also, ob Futter, Wasser, Wärme oder Toilette oder Sie als Sozialkontakt vielleicht gerade nicht zugänglich sind.

Wenn Katzen nachts miauen, könnte es sein, dass Ihre Katze einen Kater ruft. Während der Läufigkeit ist Ihre Katze auf Bräutigams-Schau. Damit auch ein weit entfernter Kater sie hören kann, gibt es dafür einen für Menschenohren   recht   nervigen   Brabauuu-Ton, während sich die Katze auf dem Boden rollt und damit signalisiert, dass sie zur Paarung bereit ist, grundsätzlich lässt sich dieser Ton also auf eine hormonelle Umstellung zurückführen.

Wenn Ihr Tier oft allein ist, ruft es vielleicht nach Ihnen oder einem Spielgefährten. Katzen sind absolute Gewohnheitstiere, also vielleicht ruft Ihr Tier auch aus Gewohnheit, weil es sonst zu dieser Tageszeit allein ist.

Lang gezogene, hohe, schrille Töne können Schmerz ausdrücken, miaut Ihre Katze über längere Zeit, sollten Sie Schmerzen beim Tierarzt abchecken lassen.

Schnurren

Ein warmes, weiches Schnurren aus den Tiefen der Katzenkehle, vielleicht sogar in Kombination mit Sabbern, bedeutet, dass sich Ihre Katze gerade sehr wohlfühlt – wahrscheinlich rollt sie sich gleich irgendwo zusammen und genießt. Schon Kitten schnurren und Studien sind zu der Erkenntnis gekommen, das tatsächliche alle Katzen schnurren, auch Tiger, Löwen und Co.

Katzen sind aber auch Profis bei der Selbstberuhigung und Analyse, wenn Ihre Katze gerade eben noch sehr aufgeregt war, kann es passieren, dass sie beginnt zu schnurren, um sich selbst davon zu überzeugen, dass die Situation nun unter Kontrolle ist.

Meckern

Ihre Katze sitzt am Fenster und gibt einen kurzen, klackernden Ton von sich? Dann hat sie entdeckt, dass dort draußen ein Lebewesen sein Unwesen treibt, dass sie nicht erreichen kann. Eine Biene, ein Eichhörnchen, auf jeden Fall ist der Jagdtrieb Ihrer Katze geweckt. Sie sollten alarmiert sein, wenn Ihr Kätzchen meckert, ein kurzer Blick genügt jedoch meist, Katzen fangen alles, was sie fangen können. Spinnen, Fliegen und Bienen oder Wespen. Einige davon können nichts ausrichten gegen Pfoten und Zähne, aber wehe, Ihre Katze verschluckt ein Vieh mit Stachel oder hält es sicher in der Pfote. Kontrollieren Sie bei lautem Meckern bestenfalls kurz Mäulchen und Tatzen.

Fauchen und Knurren

Katzen fauchen nur aus einem Grund – der letzten Warnung. Eine fauchende oder knurrende Katze signalisiert den allerletzten Versuch, die Situation ohne Angriff zu beenden. Die von der Katze gewünschte Reaktion des Gegenübers ist Flucht bzw. ein Entfernen aus der Situation. Eine fauchende Katze sollte eine kurze Zeit in Ruhe gelassen werden. Alle ihre Sinne sind angespannt und es kann schnell zu nicht kontrollierbaren Reflexen kommen. Wenn Sie sehen, dass die Körperanspannung nachlässt, können Sie wieder versuchen, mit der Katze zu interagieren.

BEOBACHTEN IST DIE HALBE MIETE

Wecken Sie einfach den Sherlock Holmes in sich. Wann auch immer Ihr Mitbewohner ein ungewöhnliches oder von Ihnen nicht erwartetes Verhalten an den Tag legt, prüfen Sie die komplette Körpersprache des Tieres. Was hat zu diesem Moment geführt? War das Verhalten eventuell eine Reaktion auf ein Geräusch oder einen neuen Geruch? Nichts passiert einfach so. Wenn sich ein Verhalten wiederholt, schreiben Sie sich ruhig ein paar Notizen auf.

Zum Beispiel, wie folgt: Aktion: Katze rennt plötzlich los und faucht. Katze ist angespannt, Schwanz buschig, Augen geweitet, reagiert nicht oder nur wenig auf Zuspruch. Grundsuche: Tür wurde vorher vom Wind zugeschlagen, dabei lautes Geräusch. Lösung: Offenbar reagiert die Katze sehr geräuschempfindlich.

Laute Geräusche also zukünftig vermeiden und Katze langsam an neue Geräusche gewöhnen.

Nach 5 Minuten dürfte sich der schlimmste Schreck gelegt haben, versuchen Sie erneut, mit der Katze zu interagieren durch Ansprache, Kuschelversuche oder Spielzeug. Nach kurzer Zeit lernen Sie auch auf diesem Wege die Probleme kennen, die Ihre Katze mit Ihnen als Mitbewohner hat; Staubsaugen, plötzliche Geräusche und Schrecksituationen lassen sich üben, indem man z. B. das Radio oder den Fernseher laufen lässt. Die Katze wird die Geräusche im TV irgendwann als Hintergrundrauschen wahrnehmen und nicht mehr so schreckhaft auf Alltagssituationen reagieren.

Manches vergisst auch der motivierteste Katzenhalter, eine Art Verhaltens-Tagebuch kann Ihnen zumindest am Anfang viel Arbeit abnehmen und Sie an bestimmte Momente erinnern.

DIE WISH-LIST

Bevor Sie nun aber wirklich mit Ihrem Trainingsteam starten, machen Sie sich bitte eine Wunschliste, was Sie und Ihre Katze denn eigentlich erreichen wollen. Hier sind einige Inspirationen:

- Wollen Sie Ihre Katze sicher in eine Transportbox setzen können?

- Möchten Sie nicht länger zusehen, wie sie ihre Krallen ins Sofa schlägt?

- Möchten Sie eine stubenreine Katze?

- Soll sie aufhören, zu beißen oder zu kratzen?

- Darf sie im Bett schlafen, oder nicht?

- Sind Tische generell, menschliches Essen oder Ihre Füße außerhalb der Bettdecke tabu?

- Soll sie mit einer zweiten Katze vergesellschaftet werden?

- Soll Ihre Katze auf Kommando „Sitz" machen? Oh, doch, sogar das geht.

Machen Sie die Liste für den Anfang nicht zu lang, denn das demotiviert nicht nur Sie, sondern auch Ihre Katze.

Ordnen Sie den verschiedenen Punkten Ihrer Wish-List Prioritäten zu und starten Sie mit der obersten Priorität, bestenfalls natürlich im Kitten-Alter mit der Erziehung. Wenn ein Punkt sitzt, können Sie und Ihr Team zum nächsten Punkt springen und dabei gleich viel mehr Spaß haben. Apropos Spaß, Sie werden keinerlei Erziehungserfolg haben, wenn Sie nicht selbst hoch motiviert sind, lassen Sie gegebenenfalls lieber eine Trainingseinheit aus und starten Sie am nächsten Tag erneut. Ebenfalls wenig Erfolg werden Sie haben, wenn Ihre Katze weder Sinn noch Spaß an der Sache findet und dafür sind genau Sie verantwortlich. Im Gegensatz zu Hunden verfügen Katzen gemeinhin über keinen allzu starken „Will-To-Please", also Gefallenswunsch dem Menschen gegenüber, was bedeutet, dass sie auch für Lob nicht allzu sehr empfänglich sind. Ein besonderes Leckerchen erhöht aber die Leidenschaft, mit der auch Ihre Katze bei der Sache ist. Katzen sind dämmerungs- bzw. nachtaktive Tiere, die größten Erfolgsaussichten für ein erfolgreiches Training haben Sie in den frühen Abendstunden.

PRIORITÄTSSTUFE 1 (STUBEN-REINHEIT, „KOMM!", BÜRSTE & KRALLENKONTROLLE)

Auf Platz 1 Ihrer Liste sind wahrscheinlich Punkte wie Stubenreinheit, das Rufen Ihrer Katze, Fellpflege oder Krallenkontrolle gelandet und wenn nicht, dann sind Sie und Ihr Teamplayer gar keine Anfänger in Sachen Katzenerziehung mehr.

Für den Anfang, falls Sie noch Anfänger sind, eignen sich die folgenden ersten Trainingsmethoden, sie geben einen ersten Überblich, dass es manchmal das Beste ist, die Kommunikation des anderen zu imitieren:

Krallenkontrolle

Wenn also Ihr Kätzchen wieder einmal vergessen hat, dass man die Krallen nicht ins Sofa schlägt, fauchen Sie doch auch mal. Falls Ihr Fauchen allerdings so gar nicht nach Katze klingt, tut es auch ein Anpusten. Niemand wird verletzt und Ihre Katze wird verstehen, dass Sie dieses Verhalten nicht wertschätzen. Wichtig ist Geduld und Beharrlichkeit. Wenn Sie gefaucht haben, Sie können dies auch mit einem Wort wie „Pfui" unterstreichen, nehmen Sie das Kätzchen vorsichtig unterm Bauch hoch – bitte nicht am Nacken packen, auch wenn die Katzenmutter dies so tut – und setzen Sie es an den dafür vorgesehen Kratzplatz / Kratzbaum.

Sollte die Katze dann dort mit dem Kratzen beginnen, loben Sie übermäßig und belohnen Sie das Ganze mit einem Leckerli. Wie bei allen Lebewesen gibt es kleine Schlauberger, die dieses Prinzip sofort verstehen und jene, die ein wenig länger brauchen. Aber wenn Sie das Prozedere einmal gestartet haben, hilft nur eins: Üben, üben, üben! Jeden einzelnen Schritt – lassen Sie nicht das Fauchen oder Anpusten weg, seien Sie nicht zu faul, vom Sofa aufzustehen und das Tier zum Kratzplatz zu tragen und belohnen Sie. Sie werden sehen,

Ihre Katze wird schnell einen Zusammenhang erkennen. Natürlich müssen die ersten freiwilligen Kratzbaumnutzungen auch gelobt und belohnt werden.

Es gibt auch beim Kratzen das eine oder andere klassische Missverständnis. Katzen benutzen schon im Kindesalter den Liebes-Biss, um dem Muttertier Zuneigung zu zeigen, dabei greift das Kitten mit den Tatzen das Muttertier an und beißt. Ausgelöst wird dies zum Beispiel, wenn Sie Ihrer Katze den Bauch kraulen. Es handelt sich um Zuneigung, nicht um Aggression. Hurra, Sie wurden gerade, wenn auch eher schmerzhaft, „Mama" genannt!

Ihre Katze krümmt die Pfötchen und schlägt dabei die Krallen in Ihre Hände oder Beine, rollt sich danach genüsslich zusammen, biegt aber weiter und krallt? Sie werden soeben Zeuge des Milchtritts. Katzenbabys treten so nach Milch. Die Pfötchen öffnen und schließen sich dabei im Takt. Krallen werden freigesetzt und zurückgezogen. Selbst erwachsene Katzen zeigen so, dass sie sich wohlig fühlen. Sie können versuchen, es der Katze abzugewöhnen, besser ist aber, diese Geste als Zuneigung zu akzeptieren, legen Sie sich lieber ein Kissen auf die Beine und genießen Sie diesen Zuspruch, als mit Ihrer Katze zu schimpfen.

Stubenreinheit

Katzen sind von sich aus sehr reinliche Tiere, nur eine Katze kann ihr Missfallen auf so konkrete Weise ausdrücken, wenn sie in eine Pfütze getreten ist – da wird entsetzt das Pfötchen geschüttelt. Sie wird also auch Sie verstehen, wenn Sie angewidert in ihr Pfützchen treten. Genau, Sie verstehen jetzt schon, worauf ich hinaus möchte: Schütteln Sie angewidert die Pfote, unterlegen Sie es wieder mit dem gleichen Missfallens-Wort wie „Pfui", nehmen Sie das Tier wieder am Bauch hoch und setzen Sie es ins Katzenklo.

Loben und Belohnen Sie bereits, wenn das Kätzchen anfängt, darin zu scharren. Es kann auch helfen, die Pfütze mit Einstreu zu bestreuen, diese dann ins Katzenklo zu verfrachten und das Kätzchen gleich dazu, so entsteht ein Zusammenhang für das richtige Örtchen. Wahrscheinlich gab es auch beim Katzenzüchter eine Katzentoilette, es hat sich gezeigt, dass es sinnvoll ist, zumindest in den ersten Tagen dieselbe Einstreu zu benutzen.

Vertraute Gerüche wecken vertraute Abläufe und eine niedrige Katzentoilette hilft dem Kitten beim Einstieg. Eine saubere Katzentoilette ist das A und O, entfernen Sie Kot & Urin bestenfalls sofort, Ihre Katze wird es Ihnen mit Toilettengängen danken. Sollten Sie mehrere Katzen halten, empfiehlt es sich, für jede Katze mindestens eine eigene Toilette aufzustellen. Auch er Ort der Katzentoilette ist eine Überlegung wert, denn nicht alles, was für uns Menschen ein sinniger Ort ist, gefällt auch der Katze und umgekehrt. Klar, ist es super, die Toilette da zu haben, wo man sie leicht säubern kann, aber wer möchte diese schon in der Küche, auch, wenn dort der Wasseranschluss ist? Kellerräume sind eher nichts für die Katz, denken Sie dran, dass Ihr Tier auch altert – und auch später im Leben zur Toilette muss. Auch für Kitten sind Treppen nicht unbedingt geeignet – und der Weg nach unten eventuell zu lang. Suchen Sie einen nicht allzu einsehbaren, nicht zugigen Ort.

Sollte beim Kitten oder erwachsenem Tier einmal etwas neben die Katzentoilette gehen, so gibt es dafür Gründe! Schimpfen Sie nicht mit dem Tier und versuchen Sie es bloß nicht mit dem völlig überholtem „Nase reindrücken"!

Katzen haben sehr feine Nasen und neben der Tatsache, dass es sich hierbei um eine dem Tier gegenüber grausame Geste handelt, bleibt nicht nur das Verständnis der Situation aus, sondern Ihr Tier wird Ihnen dies tatsächlich übelnehmen. Suchen Sie stattdessen nach Gründen für den „Unfall". Stress, kann bei Katzen schon dadurch entstehen, dass Sie die Möbel verrückt und dadurch das gewohnte Terrain Ihrer Katze zerstört haben. Bei Stress reagieren Katzen über und dies kann unter anderem zu Unsauberkeit führen.

Hormone können Unsauberkeit auslösen, in der Pubertät zum Beispiel. Auch Abneigung kann durch Unsauberkeit sichtbar werden, eventuell mag Ihre Katze Ihre/n Partner/in nicht oder Wäscheberge oder, oder, oder. Untersuchen Sie den Ort des Unfalls, gibt es Hinweise auf eine Abneigung? Nicht zuletzt kann auch eine Harnwegskrankheit die Ursache sein, lassen Sie das Tier bei solch einem Verhalten z. B. auf Harnsteine und Futterunverträglichkeiten testen und fragen Sie Ihren Tierarzt nach weiteren Theorien. Wie bereits erwähnt, ist eine der häufigste Todesursachen bei Hauskatzen eine chronische Nierenerkrankung, die meist im Alltag nicht auffällt, da die Katze „nur" mehr trinkt, häufiger Harn ablässt und generell etwas abgeschlagen ist. Genau diese unauffälligen Symptome machen diese Krankheit zu einer der Gefährlichsten.

Zum Thema Stubenreinheit gehört auch das Vermeiden des sogenannten Markierens von Gegenständen oder Orten, speziell Kater teilen anderen Katern im Revier durch feine Urinspritzer und durch Kratzen an Gegenständen mit, dass sie hier Besitzansprüche stellen. Bei reinen Wohnungskatzen hilft es, männliche Tiere zu kastrieren, dann verschwindet dieser Drang, bevor er wirklich begonnen hat. Sollte ein ausgewachsener Kater dieses Verhalten zeigen, verfahren Sie wie mit einem Kitten.

Putzen & Bürsten

Gerade, wenn Sie sich ein Kätzchen mit längerem Fell ausgesucht haben oder wünschen, müssen Sie sich regelmäßig um die Fellpflege kümmern. Katzen sind wahre Verrenkungskünstler bei der eigenen Fellpflege, trotzdem kommt es immer mal vor, dass durch das Lecken sogenannte Leck-Kletten entstehen. Sagen wir es mal so, nicht alle Katzen mögen gern gebürstet werden. Fangen Sie also am besten im Kitten-Alter mit diesem Training an, um dem Tier mögliche Ängste zu nehmen.

Zunächst ist das Baby-Fell wahrscheinlich eh weich und gepflegt, aber früh übt sich, wer in diesem Fall ein Genießer werden will. Starten Sie mit einer weichen Bürste, zum Beispiel aus dem Babysektor. Keine Borsten, keine Metallstifte – und streicheln Sie damit das Tier. Loben und belohnen Sie stillhalten oder hinlegen – mit ein bisschen Übung dreht Ihre Katze sich beim Kuscheln mit der Bürste und Sie kommen an alle Bereiche der Katze heran.

Es kann passieren, dass Ihre Katze auf die Bürste mit Lecken oder Beißen reagiert, das ist ganz normal, denn Katzen putzen sich auch gegenseitig, vielleicht möchte sie nur zurück putzen. Geben Sie ihr die nötige Zeit.

Bei Freigängern kann es auch mal dazu kommen, dass sie in einen stinkenden Bach gefallen sind oder im Müll gewühlt haben – kommen Sie allerdings niemals auf die Idee, die Katze zu baden. Es soll zwar Katzen geben, die gern mal freiwillig mit unter die Dusche gehen oder im Waschbecken schlafen, aber das sind sehr seltene Exemplare. Sollte Ihr Freigänger also einmal übelriechend nach Hause kommen, nehmen Sie ein weiches Handtuch und ein paar Tropfen Tier-Shampoo, reiben Sie das Tier leicht ab, machen Sie ein Spiel daraus und auch hier belohnen Sie natürlich positives Verhalten.

Zur Fellpflege gehört auch der Ohren-Kontrollblick, Katzen neigen zu empfindlichen Ohrentzündungen. Wenn sich Ihre Katze sehr oft an den Ohren kratzt, sollten Sie beim Tierarzt abklären, ob es sich vielleicht um Schmutz oder Milben handeln könnte.

„Komm her!"
Sie möchten Ihre Katze auf etwas aufmerksam machen oder sie zum Kuscheln oder Spielen rufen – aber das

kleine Pelztier ignoriert Sie durch die Bank? Zunächst einmal könnte dies am Katzen-Namen liegen. Natürlich möchte Ihnen niemand vorschreiben, ob Sie Ihr Tier „Mephisto", „Van Gogh" oder „Tina Turner" taufen, aber generell ist für Katzenohren ein zweisilbiger Name mit einem Vokal am Ende eingängiger und einprägsamer. Versuchen Sie es doch mal mit „Mephi" oder „Tina" oder einem anderen Kosenamen, den Sie aus Ihrem Lieblingsnamen ableiten.

Katzen sind Jäger und hören auch das leiseste Rascheln hinter der Wand, was sie zu perfekten Mäusefängern macht. Die Lautstärke Ihres Rufens ist also schonmal nicht ausschlaggebend. Ständige Wiederholung führt dazu, dass die Katze zu ihrem normalen Tagesablauf übergeht und sie einfach ausblendet. Also versuchen Sie einmal folgenden Weg: Rascheln Sie zum Beispiel mit der Leckerli-Tüte, sagen Sie dabei den Namen der Katze und ergänzen Sie, wenn Sie die Aufmerksamkeit haben, „Komm!" Lehnen Sie sich dabei ruhig nach vorn, strecken Sie eine Hand aus oder kommen Sie auf dieselbe Höhe der Katze, indem Sie in die Hocke gehen. Reichen Sie ein Leckerli, sobald das Tier auch nur einen Schritt auf Sie zu macht.

FEINTUNING ERZIEHUNG

Ihre Katze kennt die gängigen Regeln in Ihrem gemeinsamen Zuhause, aber beißt in Ihre Füße, sobald diese aus der Decke herausschauen? Sie möchten nicht, dass Ihre Katze auf den Küchentisch springt, oder Sie wünschen sich, dass ein geworfenes Spielzeug von ihr zurückgebracht wird?

Neueste Forschungen haben ergeben, dass Gehirne ein Leben lang dazulernen können – auch die von Ihnen und Ihrer Katze. Wie bereits am Anfang dieses Ratgebers erwähnt, müssen Sie lernen, die Katzensprache zu sprechen, und dabei lernt Ihre Katze, Sie zu lesen, allerdings tauchen auch ein paar gängige Kommunikationsprobleme auf. Wenn sich also etwas unter einer Decke bewegt, dann könnte es im Katzenhirn eine Maus sein – und wie kann die Katze sicher sein, dass es keine ist? Richtig, erst einmal fangen das Ganze!

Transportbox
Würden Sie sich wohlfühlen, wenn Sie von zwei großen Händen gepackt und in eine Kiste gesteckt würden, in der Sie nicht einmal aufrecht stehen könnten und in die es nur einen Weg hinein und keinen heraus gibt? Auch, wenn Sie gelernt hätten, diesen großen

Händen zu vertrauen – auch Vertrauen hat Grenzen. Um Ihre Katze sicher in eine Transportbox zu packen, suchen Sie sich eine Box aus, die man sowohl vorn als auch oben öffnen kann. Stellen Sie die Kiste offen – also ohne Deckel – vielleicht mit einer Kuscheldecke dekoriert – ins Wohnzimmer und warten Sie. Die Neugier der Katze wird sie früher oder später dazu zwingen, sich diesen neuen Kuschelplatz mal genauer anzusehen. Loben und belohnen Sie, wenn die Katze den Platz inspiziert, oder verstecken Sie sogar Leckerlis in der Box.

Nach ein paar Tagen wird diese Box selbstverständlich genutzt werden, versuchen Sie dann einmal, den Deckel zu schließen und die Tür zu öffnen. Loben und belohnen Sie die Katze, wenn die Neugierde siegt. Ist die Angst vor der Kiste besiegt, werden Sie feststellen, dass man darin weder wie verrückt miauen muss noch irgendwelche andere Panik entwickelt. Wenn Sie die Kiste danach in den Schrank stellen und erst zum Tierarzt Besuch herauskramen, geht natürlich auch die Angst von vorn los, aber wenn Sie die Katze vorsichtig und bei geöffnetem Deckel hineinheben, hält sich das Ganze zumindest in Grenzen. Es ist wie mit allem, üben Sie oft, dann funktioniert es irgendwann wie von allein.

„Sitz!"

Sie möchten, dass Ihre Katze das Kommando „Sitz" beherrscht? Sie denken, das können nur Hunde? Das stimmt nicht! „Sitz" ist sogar relativ einfach und eine schnelle Übung. Wenn Sie die Aufmerksamkeit Ihrer Katze haben, nehmen Sie den absoluten Lieblingssnack Ihrer Katze zur Hand, beugen Sie sich so, dass das Leckerli über dem Kopf der Katze ist, ohne dass sie hochspringt, und bewegen Sie das Leckerli dann weiter aus dem Sichtfeld heraus. Wenn Ihre Katze den Kopf nach hinten überstreckt, sagen Sie „Sitz", denn wenn sie dies tut, muss sie sich aufgrund ihrer Statur setzen.

Natürlich wird Ihre Katze erst versuchen, sich umzudrehen, ändern Sie dann die Höhe, in der das Ganze stattfindet, bis die Katze einsieht, dass es die einfachste Bewegung ist, den Kopf nach hinten zu überstrecken. Wenn es einmal funktioniert hat, wiederholen Sie die Übung noch ein paarmal, dann sollte „Sitz" bald sitzen.

Medizin

Ebenfalls früh sollten Sie üben, wie es funktionieren kann, Ihrer Katze etwas zu geben, was sie nicht mag. Probieren Sie dies aus, indem Sie einen für gesunden Snack finden, den sie pur nicht anrührt. Möhren zum Beispiel sind sehr gesund für Katzen, leider mögen die wenigsten Samtpfoten diesen Schmaus. Aber vielleicht ist es auch Käse, es soll auch Katzen geben, die nicht an Käse Gefallen finden. Egal, was es ist, probieren Sie, ein winziges Stück davon in das Mäulchen Ihrer Katze zu stecken. Es wird Sie beide auf den Tag vorbereiten, wenn eine Tablette dort hinein muss. Falls der Mäusefänger partout nicht aufhört, das Stückchen wieder auszuspucken, setzen Sie sich zu Ihrer Katze, greifen Sie ihr von hinten unter den Bauch, überstrecken Sie sanft und ohne Zwang den Kopf nach hinten, stopfen Sie das Stückchen weit ins Katzenmal hinein und streichen Sie die Kehle vorsichtig nach unten.

Diese Aktion wird sich für Sie beide nicht besonders gut anfühlen, aber denken Sie an den Ernstfall! Was sein muss, muss sein. Vielleicht hilft auch nur die Katzenmanier mit ein wenig List und Tücke. Bestreichen Sie das nicht gern genommene Leckerli mit Leberwurst, es gibt sogar spezielle Leberwurst für Katzen, die nicht gewürzt ist, und schauen Sie, ob die gereichten Placebos im Bauch verschwinden.

HERUNTERGEBROCHEN

Das hast du toll gemacht! (Bring das Spielzeug zurück)

Alles, von dem Sie möchten, dass Ihre Katze es häufiger tut, muss gelobt und belohnt werden. Dann können Sie auch damit beginnen, Begriffe zu kombinieren. Wenn Sie also möchten, dass Ihre Katze ein Spielzeug zurückbringt, damit Sie es noch einmal werfen können, versuchen Sie folgenden Weg:

Werfen Sie das Spielzeug, warten Sie, bis die Katze das Spielzeug erreicht und gepackt hat und sagen Sie dann „komm her!", belohnen Sie nur, wenn das Spielzeug zurückgebracht wurde, loben Sie aber auch alle anderen Fälle, die dem Prinzip entsprechen, also wenn sich die Katze auf sie zu bewegt oder auf halbem Weg das Spielzeug verliert.

Das möchte ich nicht

Egal, was es ist, was Sie nicht möchten, erklären Sie Ihrer Katze die Spielregeln, fauchen Sie, beißen Sie gegebenenfalls vorsichtig zurück (nehmen Sie dafür auch ruhig Ihre Finger und ahmen Sie damit ein Beißen nach), kommentieren und kombinieren Sie das Ganze mit einem festgelegten Wort, dass Sie selbst festgelegt haben, um Ihr Missfallen auszudrücken – loben und belohnen Sie, wenn das Verhalten abgestellt wird oder eine „legale" Alternative gefunden wird.

Bett & Couch – die Königsdisziplin

Katzen sind Kuschelmonster. Rund 90 % ihres Tagesablaufs bestehen aus Schlafen und sich einkuscheln. Wir Menschen haben für Katzen wundervolle Orte in unsere Behausungen gestellt, die alle Anforderungen an den perfekten Schlafplatz erfüllen: Leicht erhöht, gute Raumsicht, weich und warm = perfekt.

Wenn Sie tatsächlich nicht möchten, dass Ihre Katze auf der Couch oder im Bett schläft, schaffen Sie zuerst eine perfekte Alternative. Aber selbst wenn Ihnen das gelingt, ist diese Erziehung die Königsdisziplin! Geben Sie trotzdem nicht auf – denn auch, wenn Sie es nicht schaffen, Ihrer Katze die Couch oder das Bett abzugewöhnen, dann können Sie immerhin noch behaupten, dass es Dinge gibt, bei denen sich Katzen nicht erziehen lassen und ihr so ein kleines Stück von ihrem Thron zurückgeben, den Sie ihr in allen anderen Lernprozessen schrittweise genommen haben.

CLICKERN FÜR DIE KATZ´!

Clickern ist eine Trainingsmethode, die auch für Katzen interessant ist. Grundsätzlich geht es darum, eine positive Aktion des Tieres mit einem akustischen Signal zu verstärken – logisch, dass es sich dabei um eine gewünschte Aktion handeln sollte.

Der Vorteil eines Clickergeräts ist, dass es sich um ein immer gleichbleibendes Geräusch handelt, das im Gegenteil zum Beispiel zu unserer Stimme nicht durch Emotionen veränderbar ist. Das Clickergerät ist meist ein kleines Plastikteil, das bequem in jede Hosentasche passt oder mit einem Schlüsselband um den Hals getragen werden kann. Im Inneren befindet sich ein kleines Metallplättchen, das durch Druck auf den Clicker ein Knacksen von sich gibt – also clickert.

Das Geräusch weckt die Aufmerksamkeit des Tieres, wenn dies auch erst eine neutrale Aufmerksamkeit ist. Wird das Clickern mit einem Leckerchen verknüpft, so speichert die Katze das Clickern früher oder später als positives Geräusch ab, dass auch ein Leckerli bedeutet. Es ist deutlich einfacher, im richtigen, wichtigen Moment zu clickern, als immer ad hoc ein Leckerchen parat zu haben; das Leckerchen sollte dennoch folgen, da sonst keine positive Beziehung zum Clickerton entsteht.

Das Clickertraining läuft demzufolge über mehrere Prozesse ab:

1.) *Positive Verknüpfung des Signals im Katzenhirn*, also Clickern, Aufmerksamkeit erhaschen, belohnen

2.) *Belohnungsprinzip* – Sie möchten, dass Ihre Katze von der Fensterbank springt, locken Sie sie herunter, in der Sekunde, in der sie tatsächlich abspringt, clickern Sie und belohnen bei Bodenkontakt.

3.) *Moment-Kopplung* – denn das Clickern soll genau in dem Moment erklingen, in dem die Katze ein erwünschtes Verhalten zeigt. Das Geräusch vermittelt dem Tier so den genauen Moment, in dem es richtig gehandelt hat.

4.) *Trainingskombinationen* Sie können das Tier nun lenken – möchten Sie zum Beispiel, dass Ihre Katze sitzt und bleibt, dann belohnen Sie jeden Schritt in die richtige Richtung mit einem Clickern, bis sie sitzt und bleibt.

Sie sollten den Clicker pro Tier einmalig festlegen und nicht wechseln, wenn sich das Tier erst einmal an das Geräusch gewöhnt hat. Sollten Sie keinen Clicker haben, tut es aber auch ein Glöckchen oder sogar eine kleine Pfeife, es muss nur laut genug sein, die Aufmerksamkeit zu erhalten.

Funktioniert das Clickern erst einmal, wird es ganz verrückt – denn jetzt können Sie Ihrem Tier sogar kleine Kunststücke beibringen – ähnlich denen von Löwen in Zirkussen.

Tricks und Kunststücke, die man perfekt mit Clickern üben kann:

Spring durch den Reifen.

Mach Männchen.

Sitz und bleib.

Geh durch den Rascheltunnel.

Lauf eine 8 oder einen Kreis.

Gib Pfötchen.

Sie sehen, von wegen Katzen lassen sich nicht erziehen, sie lassen sich sogar dressieren!

Um zum Beispiel die Katze zum Männchen-Machen zu animieren, nehmen Sie zum Beispiel ein langes Lineal, einen Zollstock oder einen sogenannten Targetstab. Sitzt die Katze, dann bewegen Sie den eben erwähnten Gegenstand dicht vor der Katze. Wenn sie die Pfoten hebt, clickern Sie und belohnen natürlich. Hier ein kleiner, aber feiner Tipp: Kater sind zu 99 % Linkspfötler, während Katzen zu 99 % die rechte Pfote zuerst heben werden. Jetzt müssen Sie das Ganze nur noch mit einem Wort kombinieren, damit es abgespeichert werden kann. Ist die Katze mit einem Targetstab oder Zollstock vertraut, dann können Sie Wege durch Tunnel weisen, Kreise zeichnen und noch sehr vieles mehr. Sie und Ihrem Mini-Zirkuslöwen sind kaum Grenzen gesetzt.

NIEMAND IST GERN ALLEIN – AUCH IHRE KATZE NICHT

Während Sie nun durch die Kapitel an sich und Ihrer Katze gearbeitet haben, werden Sie festgestellt haben, dass sich Ihre Samtpfote auch immer weiter auf Sie einstellt. Vielleicht haben Sie inzwischen einen bestimmten Miau-Ton zur Begrüßung bekommen oder Ihre Katze schnurrt, wann immer Sie sich mit ihr beschäftigen. Sie können also nur noch müde lächeln, wenn Ihnen jemand mit dem alten Vorurteil kommt, dass Katzen wahre Einzelgänger sind oder gar keine Beziehung zum Menschen aufbauen.

In einer internationalen Studie von Tierverhaltensexperten (der Universität Lincoln, UK, der Universität São Paulo, Brasilien, und der Veterinärmedizinischen Universität, Österreich) wurde 2018 der Stresspegel von Katzen gemessen, die allein oder in Katzengruppen von zwei oder mehr Tieren mit einem Menschen zusammenlebten. Mit dieser Studie konnte grundlegend mit dem Vorurteil aufgeräumt werden, dass Katzen lieber allein leben. Forschungsergebnis war unter anderem, dass junge Katzen sogar einen erhöhten Stresspegel aufweisen, wenn sie allein bei einem Menschen leben. Es scheint, als würde es nicht, wie gemeinhin behauptet, unnatürlich für Katzen sein, in Gemeinschaften zu leben.

Auf lange Sicht denken Sie einmal darüber nach, ob Ihre Katze eventuell einen Artgenossen benötigt, denn ebenfalls in einer Studie wurde jüngst belegt, dass Katzen, die mehrere Stunden pro Tag allein verbringen, zu Verhaltensauffälligkeiten neigen und unter der Einsamkeit leiden. Außerdem wissen Sie nun, wie es geht. Dann fangen Sie halt noch einmal von vorn an mit der Erziehung – diesmal, und das werden sie schnell feststellen, haben Sie quasi einen Simultanübersetzer dabei, denn die bereits erzogene Katze erzieht von Tag 1 des neuen Team-Mitglieds mit, versprochen.

KATZEN VERGESELLSCHAFTEN

Sie haben sich dazu entschlossen, dass Ihre Katze nicht allein bleiben soll, wenn Sie das Haus verlassen? Katzen zu vergesellschaften, ist nicht so schwer, wie Sie vielleicht gerade denken. Dabei ist es egal, ob Sie die Katze mit einer anderen Katze, einem Menschen, auch einem Baby, oder gar einem Hund vergesellschaften möchten.

Für einige Zusammenkünfte braucht man nur etwas mehr Geduld als für andere.

Die einfachste Art der Vergesellschaftung ist wahrscheinlich:

Zwei Kitten
Vielleicht haben Sie Geschwister aufgenommen oder planen dies, es macht aber kaum einen Unterschied, ob die Tiere blutsverwandt sind oder nicht. Katzenkitten erkennen, dass das Gegenüber genauso tickt wie sie selbst und werden das neue Tier wie ein Geschwisterchen begrüßen und sofort mit dem Sozialkontakt loslegen. Wenn Sie ein Kitten vom Züchter holen, nehmen Sie sich bitte die Zeit, Ihrem Kätzchen im Umgang

mit seinen Geschwistern zuzuschauen. Hier lernen Sie auch gleich, ob Ihr Kätzchen eher der kleine Draufgänger oder der vorsichtige Typ ist. Ähnlich wie bei Geschwistern werden bei zwei Kitten sofort alle Grenzen untereinander ausgetestet, da kann es schon mal ruppig zugehen, denn Krallen, Zähne und Körper sind in vollem Einsatz. Greifen Sie erst ein, wenn eine ernsthafte Verletzung droht, die beiden werden das komplett unter sich ausmachen.

Zwei Kitten bedeutet aber im Umkehrschluss den doppelten Stress für Sie. Denn beide wollen auf ihre eigene Art verstanden werden, beide können Sie noch nicht lesen und beide haben neben jeglicher Form von Blödsinn eigentlich nur bunte Knete im Kopf. Wenn eines der Kitten tatsächlich versteht, dass man die Katzentoilette benutzen sollte, damit Sie sich nicht wieder die Pfote schütteln und dieses nervige „Pfui" sagen, heißt das noch nicht, dass das Zweite das genauso versteht. Erinnern Sie sich, in jeder Spezies gibt es Blitzbirnen und langsamere Denker.

Ein Kitten, eine adulte Katze oder Kater

Sie haben ein erwachsenes Tier zu Hause und möchten ein Kitten dazu adoptieren? Wie schon erwähnt, haben Sie hoffentlich bereits einen Teamplayer auf Ihrer Seite. Die erwachsene Katze wird verinnerlichte

Regeln an das Kitten weitergeben. Achten Sie unbedingt darauf, dass der Altersunterschied nicht allzu gravierend ausfällt. Eine Katzen-Oma oder ein Katzen-Opa möchte eigentlich den größten Teil des Tages in Ruhe und Frieden genießen, ausgiebig schlafen und kuscheln, ein Kitten jedoch möchte einfach alles entdecken. Da ist Stress dann vorprogrammiert.

Ist das adulte Tier im besten Katzenalter, zwischen 2 und 4 Jahre alt, nimmt es das Kitten meist unter die eigenen Fittiche – nicht selten entsteht dadurch so etwas wie eine Ammenschaft. Das klingt erst einmal gut, bedeutet aber auch, dass die erwachsene Katze ihre Art von Erziehung umsetzt, was für uns Menschen eventuell gefährlich oder sogar angsteinflößend wirken kann. Auch hier gilt, mischen Sie sich erst ein, wenn Verletzungen drohen. Katzen verstehen Katzen so viel besser als wir Menschen.

Auch Kater fühlen sich für Kitten verantwortlich, wenn auch nicht so stark wie ein weibliches Tier es tun wird, neigen jedoch dazu, dass Kitten auch mal komplett zu ignorieren. In der Pubertät des Kittens kann es dann eventuell erneut zu Reibereien zwischen den Tieren kommen, auch wenn die jüngere Katze vorher alles durfte und sich vorher beide super verstanden haben. Mit dem Erwachsenwerden ist es auch bei uns

Menschen nicht einfach und es kommen neue Regeln dazu. Wundern Sie sich also nicht, wenn sich die Zwei eine kurze Zeit lang auch mal aus dem Weg gehen.

Sollten es zu ernsthaften Streitigkeiten kommen, die nicht nach ein paar Minuten aufgegeben werden, hilft es, die beiden eine kurze Zeit räumlich zu trennen. Bei dieser Trennung, gegebenenfalls sogar über einige Tage, sollten Sie darauf achtgeben, dass sich die beiden auch nicht sehen können, wann sie wollen. Trennen Sie konsequent – und lassen Sie Kontakt zunächst nur visuell, dann vielleicht mit einem Hindernis wie einem Zaun oder Ähnlichen zwischen den Tieren und erst, wenn sich alle wieder beruhigt haben, komplett zu. Wie gesagt, dass sich zwei Tiere streiten, ist völlig normal, es geht um Lieblingsplätze, Eifersucht, Rangfolge und so vieles mehr, was wir gar nicht verstehen können. Ernsthafte Konflikte, bei denen ein Tier wirklich versucht, das andere zu verletzen, sind eher selten und demzufolge ist dieser Tipp nur für den Ausnahmefall.

Auch, wenn das adulte Tier als Zweit-Tier einzieht, verhält es sich ähnlich – das Kitten hat dann noch keine Revieransprüche und das erwachsene Tier wird sich nach ein paar Tagen an die Situation gewöhnt haben.

Das beste Spiel, was Katzen miteinander spielen, ist übrigens verstecken und angreifen, dabei den anderen möglichst hart überrumpeln und umschubsen. Die freundlichste Begrüßung zweier Katzen besteht aus einem Nasenstüber untereinander – sehen Sie diese beiden Verhaltensmuster in Ihrem Team, haben Sie gewonnen.

Es ist auch möglich, zwei adulte Tiere zu vergesellschaften, allerdings sollte dabei behutsam und geduldig vorgegangen werden – außer natürlich, es handelt sich um einen Deckkater. Während der Paarungszeit sind Katzen wesentlich offener für Katzenbekanntschaften.

Möchten Sie zwei erwachsene Katzen vergesellschaften, ergibt es Sinn, ähnlich wie bei einem vorhergegangenen Streit zu agieren. Trennen Sie die Katzen räumlich und erlauben Sie Blickkontakt nur, wenn Sie dabei sind und für ein paar Minuten, langsam steigern Sie dann die Blickkontakt-Zeit – zum Beispiel durch einen Zaun. Bald schon werden sich die Katzen dem Zaun nähern – es gab mal diese Band „Curiosity killed the Cat" – zu Deutsch: Neugierde tötete die Katze, und da ist was dran – jede Katze ist neugierig. Warten Sie also auf diesen Moment für die Belohnung. Füttern Sie am Zaun mit Blickkontakt und tun Sie dabei, als wäre gar nichts los. Danach lösen Sie den Blickkontakt, zum Beispiel durch einen Vorhang, den Sie wieder schließen. Durch stetige Verlängerung der Zaun-/ Blickkontakt-Zeiten werden sich die Tiere annähern, vielleicht sogar durch den Zaun kuscheln – dann können Sie die Tür ruhig einmal, wenn auch zeitlich zunächst kontrolliert, öffnen. Nach ca. einer Woche bis 10 Tagen sollten alle so weit sein, dass Sie den Zaun abbauen können.

Speziell bei zwei erwachsenen Katzen, egal, ob diese neue vergesellschaftet wurden oder seit Kitten-Tagen zusammenleben, gibt es Situationen, die für uns Menschen nach einer Lappalie aussehen, es aber in Katzenwelt nicht sind. Wenn Sie zum Beispiel mit einer Katze zum Tierarzt gehen oder diese mehr als ein paar Stunden stationär behandelt werden muss, riecht sie anders und wird womöglich nicht mehr im Rudel akzeptiert. Achtung, dies kann zu Streit und wirklich bösen Attacken führen! Um dieser Situation am besten komplett aus dem Weg zu gehen, fahren Sie immer mit beiden Katzen zum Tierarzt oder rubbeln Sie die kranke Katze mit einer Decke von Zuhause und die gesunde Katze mit einer Decke ab, die mit beim Tierarzt war. Klingt merkwürdig – funktioniert aber.

Katze oder Kitten und Hund

Sie erinnern sich? Katzen wedeln mit dem Schwanz, wenn Sie überlegen anzugreifen – Hunde wedeln, um freudige Erregung auszudrücken. Es klingt so banal, wie es ist: Sie möchten zwei Tiere vergesellschaften, die absolut nicht die gleiche Sprache sprechen. Genau da liegt aber auch Ihr Erziehungsauftrag. Bringen Sie den Tieren bei, sich untereinander zu verständigen, damit es kein böses Blut gibt. Sie sollten einen der beiden schon gut lesen können, bevor der zweite dazu kommt, damit Sie gegebenenfalls intervenieren können.

Wedelt die Katze, können Sie den Hund vielleicht berufen oder die Katze erst beruhigen. Passen Sie immer auf den Jüngeren der beiden auf, denn dieser weiß es noch nicht besser. Es hilft ungemein, wenn einer der beiden oder beide noch im Babyalter sind. Aber es gibt auch unzählige Beispiele, wie so etwas auch mit zwei erwachsenen Tieren funktionieren kann, aber nicht muss. Wichtig für ein angenehmes Miteinander sind Freiräume für beide Tiere – schaffen Sie Orte, wo Ihr Hund ungestört sein kann und wo Ihre Katze beruhigt schlafen kann. Die Fressplätze sollten nicht direkt nebeneinander liegen, denn so fühlt sich niemand beim Fressen gestört oder schlingt, weil er glaubt, dass der andere ihm etwas streitig machen möchte.

Katze und Mensch

Katzen sind sensible Seelchen. Die erwachsene Katze wird sich aber schnell an ein Baby im Haus gewöhnen – vergessen Sie alte Schauergeschichten von Katzen, die Babys mutwillig den Atem rauben, weil sie sich in Babybetten und auf Babys legen, die dann erstickten. Ein Babybett ist warm, weich und kuschelig, genau, wie ein Baby. Deswegen lieben Katzen diesen Ort dementsprechend. Es ist Ihr Job, dass die Katze nicht unbeobachtet zum Baby kann.

Es ist Ihr Job, dass das Baby nicht unbeobachtet zur Katze kann, denn wie Babys so sind, greifen Sie nach allem, was sich bewegt – auch nach Katzenschwänzen. Wieder gilt: Schauen Sie auf den Jüngeren der beiden – er weiß es nicht besser. Erwachsene Katzen können ein wenig eifersüchtig reagieren, wenn ein Baby ins Haus kommt, ganz egal, ob Katze, Hund oder Mensch – Sie haben jetzt weniger Zeit für das Tier und das merkt es. Geben Sie sich die größte Mühe, dieses Gefühl nicht zu groß werden zu lassen, schaffen Sie auch zeitliche Freiräume für Ihr erstes Teammitglied.

Sollte das Kind im Krabbelalter sein, erinnern Sie sich an das beste Spiel, dass Katzen untereinander spielen? Genau, verstecken, angreifen, überrumpeln; dieses Kind bewegt sich auf allen vieren, wie eine Katze –

es ist also nahezu nett gemeint, wenn Ihre Katze das sich aufstellende Kleinkind umschubst – fangen Sie am besten wieder mit einem Beobachtungstagebuch an. In fast 100 % aller Fälle möchte die Katze etwas sagen, was wir nur falsch verstehen. Gehen Sie am besten erst einmal von einer positiven Gesinnung aus und auch, wenn es schwerfällt, ergreifen Sie für beide Seiten gleichmäßig Partei.

Größere Kinder greifen immer noch nach Schwanz, Barthaar oder gleich nach der ganzen Katze. Bringen Sie Kindern früh bei, dass auch die Katze Rechte hat und Krallenhiebe nicht böse gemeint, schließlich kann sie ja nicht sprechen und sagen „Lass das bitte!" – und nehmen Sie lieber Wutttränen statt Schmerztränen in Kauf, dann sollte auch aus diesem Zusammenleben problemlos ein Team werden.

Wir sind nun ausgiebig auf das Thema Katze und Kind eingegangen, aber Katzen wären nicht Katzen, wenn sie nicht eigensinnig genug wären, auch erwachsene Menschen bisweilen zum Problem zu erklären. Anzeichen einer Abneigung gegenüber einem erwachsenen Menschen kann zum Beispiel sein, dass der neue Partner abgelehnt wird und dies tatkräftig und auf Katzenart dadurch zum Ausdruck gebracht wird, dass dem Partner in die Schuhe, ans Bein oder sogar ins Bett uriniert wird. Wie gesagt, Kater stellen damit fest, dass sie in diesem Revier Besitzansprüche stellen und auch Katzen sollen dieses Verhalten schon angewandt haben – trickreiche kleine Biester, vielleicht schnallen Menschen das nicht mit den Geschlechtern und Besitzansprüchen. Es ist aber mit diesem Verhalten noch nicht alles verloren, denn der Kater oder sogar die Katze hat ja immerhin Kontakt zu diesem fremden Menschen gesucht, um zu kommunizieren. Sehen wir also den ersten Schritt erst einmal als ein positives Zeichen, auch wenn es nicht die feine englische Art ist.

Wie hört das Tier denn nun mit diesem Verhalten auf? Zunächst einmal müssen wir feststellen, dass es sich um eine Emotion, wie Angst (Verlustangst), ein territoriales Verhalten (Revierbesitzanspruch) oder ein Geruchsproblem handeln könnte und wenn wir schon dabei sind, können wir auch gleich unser altes Verhaltenstagebuch zur Hand nehmen. Hat Ihr Tier vielleicht schon früher auf neue Gerüche reagiert? Benutzt Ihr neuer Partner eventuell ein Parfum oder Aftershave, dass dieses Verhalten bestärken könnte? Geht die Katze vielleicht nach dem Duschen normal mit dem Menschen um – oder dreht sie dann erst richtig durch? Um der Katze auf sanfte Art zu zeigen, dass dieser Mensch nun auch, zeitweilig oder ganz, zum Team gehört, deponieren Sie an Katzenlieblingsplätzen getragene Textilien des abgelehnten Menschen, das kann zwar am Anfang auch extreme Gegenreaktionen hervorrufen, schadet aber nicht. Tragen Sie selbst vielleicht mal ein Kleidungsstück der abgelehnten Person. Lassen Sie den neuen Feind die Fütterung übernehmen und geben Sie ihm oder ihr einen Leckerli-Vorrat zur Hand. Binden Sie den neuen Menschen in alle möglichen Aktivitäten ein, denn dadurch wird eventuelle Verlustangst zerstreut und der Mensch nicht mehr als Feind angesehen. Plötzlich wird sich das feindselige Verhalten der Katze in Zusammenhalt verdrehen und Sie werden nicht schlecht staunen, denn auch hier werden die ersten zaghaften Schritte zum Kuschelversuch wahrscheinlich vonseiten Ihrer Katze kommen.

MIT LIEBE UND GEDULD – BERÜHMTE LETZTE WORTE

Sie haben es geschafft – auf dem Weg, den Sie und Ihr Stubentiger begonnen haben, lagen Missverständnisse, Zweifel und Kratzer. Aber: Wenn Sie sich an die Tipps und Tricks gehalten haben, sollte aus Ihnen beiden, dreien oder mehr ein Team geworden sein. Sie können problemlos im selben Revier herrschen und teilen. Sie haben gelernt, dass Katzen großartige Gesellschaft sind und Ihr Sanft-Treter denkt nun genau so über Sie. Sie wissen nun, wo die Tücken in der Verständigung liegen, wie Sie besser darauf reagieren und wie Sie gegebenenfalls eine verworrene Situation verbessern können. Ihr Stubentiger kennt Sie nun besser und kann sich an Dinge wie den Staubsauger gewöhnen. Der große Schlüssel zur Erziehung der Katze liegt nicht in harter Erziehung, sondern in Liebe, Beharrlichkeit, Belohnung und Geduld. Ganz egal, ob Sie Clickertraining nutzen oder „nur" gegenseitiges Verständnis – Ihnen macht so schnell niemand mehr etwas vor; von wegen Katzen lassen sich nicht erziehen! Völliger Nonsens! Und wenn Ihnen das nächste Mal jemand sagt, dass Katzen nicht zu erziehen sind, dann reichen Sie ihm vielleicht einfach lächelnd dieses Büchlein?

Oder Sie zitieren ein paar schlaue Anekdoten zum Thema Katzenerziehung von wirklichen Genies und bekannten Persönlichkeiten, die gleich folgen:

„Die Katzen halten niemanden für eloquent, der nicht miauen kann! (Marie von Ebner-Eschenbach)

„Gott schuf die Katze, damit der Mensch einen Tiger zum Streicheln hat." (Kurt Tucholsky)
„Schon die kleinste Katze ist ein Meisterwerk."
(Leonardo da Vinci)

„Die Selbstachtung einer Katze ist außerordentlich!"
(Christian Morgenstern)

„Katzen sind die rücksichtsvollsten und aufmerksamsten Gesellschafter, die man sich vorstellen kann."
(Pablo Picasso)

„Frauen sind wie Katzen: Beide kann nur zwingen, das zu tun, was sie selbst mögen." (Mary Bly)

„Die Katze brachte die Maus als Zeuge"
(Griechisches Sprichwort)

„Statt die Katze zu verjagen, stell den Teller weg."
(Japanisches Sprichwort)

Und so endet dieser Ratgeber mit den Worten eines unbekannten, aber oft zitierten Autoren: „Eine Katze wird dir vielleicht (zunächst!) den Teppich, die Vorhänge und Möbel zerstören, aber Sie wird dir nie, wirklich niemals, dein Herz brechen – bis zu dem Tag, an dem sie dich verlassen muss!"

Passen Sie gut auf Ihren Liebling auf, damit er oder sie ein langes, zufriedenes, gesundes Katzenleben hat, schließlich haben Sie nun wahrlich einen echten König bzw. eine Königin der Wohnzimmer Zuhause.

Herstellung und Verlag:

BoD – Books on Demand, Norderstedt

ISBN: 9783754334232

1. Auflage

Kontakt: Psiana eCom UG/ Berumer Str. 44/ 26844 Jemgum

Covergestaltung: Fenna Larsson

Coverfoto: depositphotos.com